Stimmungsvolles für jeden Tag

Entwurf und Realisation: Pink Creative Ltd

Realisation der deutschen Ausgabe:
trans texas publishing, Köln
Bearbeitung: Ralf Burau, Mönchengladbach

ISBN 978–1-4723-7301-4
Printed in China

Stimmungsvolles für jeden Tag

Inspirierende Gedanken und Bilder

Parragon

Bath • New York • Cologne • Melbourne • Delhi
Hong Kong • Shenzhen • Singapore • Amsterdam

Um Erfolg zu
haben, muss man die
Welt akzeptieren,
wie sie ist – und
dann über sie
hinauswachsen.

Michael Korda

Wer ein Warum hat,
dem ist kein WIE zu schwer.

Friedrich Nietzsche

Verbringe die Zeit nicht mit der Suche nach einem Hindernis, vielleicht ist keines da.

Franz Kafka

Nur ein für

andere

gelebtes Leben ist

lebenswert.

Albert Einstein

Der Himmel hat dem Menschen als Gegengabe für die vielen Mühseligkeiten des Lebens drei Dinge gegeben: die Hoffnung, den Schlaf und das Lachen.

Immanuel Kant

Mach das Beste

aus dir, etwas Besseres

kannst du nicht tun.

Ralph Waldo Emerson

Leben –

ein kleiner

Lichtblick der Zeit

zwischen zwei

Ewigkeiten.

Thomas Carlyle

Ein Herz, das
Schönheit
liebt, wird niemals alt.

Türkisches Sprichwort

Der Mut

eines Mannes liegt in

seinem Glauben

begründet.

Cicero

Das Leben ist die Summe all deiner Entscheidungen.
Albert Camus

Derjenige hat
im Leben
nichts gelernt,
der nicht
jeden Tag eine
Angst
überwindet.

Ralph Waldo Emerson

Die Zukunft

gehört denjenigen, die

an die Schönheit ihrer

Träume

glauben.

Eleanor Roosevelt

Verweile nicht in der
Vergangenheit,
träume nicht von der Zukunft,
konzentriere deine Gedanken auf den
gegenwärtigen Augenblick.

Buddha

Man kann niemals einen Ozean überqueren, wenn man nicht den Mut hat, die Küste außer Sicht zu verlieren.

Christoph Kolumbus

Geh voller Vertrauen in Richtung deiner Träume. Lebe das Leben, das du dir erträumt hast.

Henry David Thoreau

Was wir sehen, hängt hauptsächlich davon ab, wonach wir suchen.

Sir John Lubbock

Dein Leben ist, was deine Gedanken daraus machen.

Mark Aurel

Suche nicht die großen Worte,

eine kleine Geste genügt.

Phil Bosmans

Zu leben
ist so überraschend,
es lässt einem kaum Zeit für
etwas anderes.

Emily Dickinson

Wir bezwingen nicht den Berg, sondern uns selbst.

Edmund Hillary

Die Kraft unserer
Fantasie macht
uns grenzenlos.

John Muir

Lass dir Zeit: Durch Geduld kann man vieles erreichen.

Lateinisches Sprichwort

Die Schönheit
ist nichts als das Versprechen
des Glücks.

Stendhal

Leben ist das, was passiert,
während du eifrig damit beschäftigt
bist, andere Pläne zu machen.
John Lennon

Das
Leben
ist ein
Abenteuer –
wag
es.

Mutter Teresa

Was als das Ende scheint,

kann sich in Wirklichkeit als

Neubeginn entpuppen.

Unbekannt

Was auch immer der menschliche **Verstand** sich vorstellen und glauben kann, kann er **erreichen.**

Napoleon Hill

Glück hängt nicht
von äußerlichen Dingen
ab, sondern von der Weise,
wie wir sie sehen.

Leo Tolstoi

Sei freundlich, da jeder, dem du begegnest, einen schwierigen Kampf zu bestehen hat.

Platon

Strebe nach Höherem,

denn die Sterne liegen versteckt in

deiner Seele.

Träume tief, denn jeder Traum

geht dem Ziel voran.

Pamela Vaull Starr

Nichts geschieht,
ohne dass ein
Traum vorausgeht.

Carl Sandburg

Hoffnung
ist Glaube, der seine Hand
im Dunkeln
ausstreckt.

George Iles

Sobald du dich für die

Hoffnung

entschieden hast, ist

alles möglich.

Christopher Reeve

Hoffnung ist der Traum der Wachen.

Französisches Sprichwort

Wenn die ganze Welt sagt: „Gib auf!“,
flüstert dir die Hoffnung zu: „Versuch´s noch ein weiteres Mal.“

Unbekannt

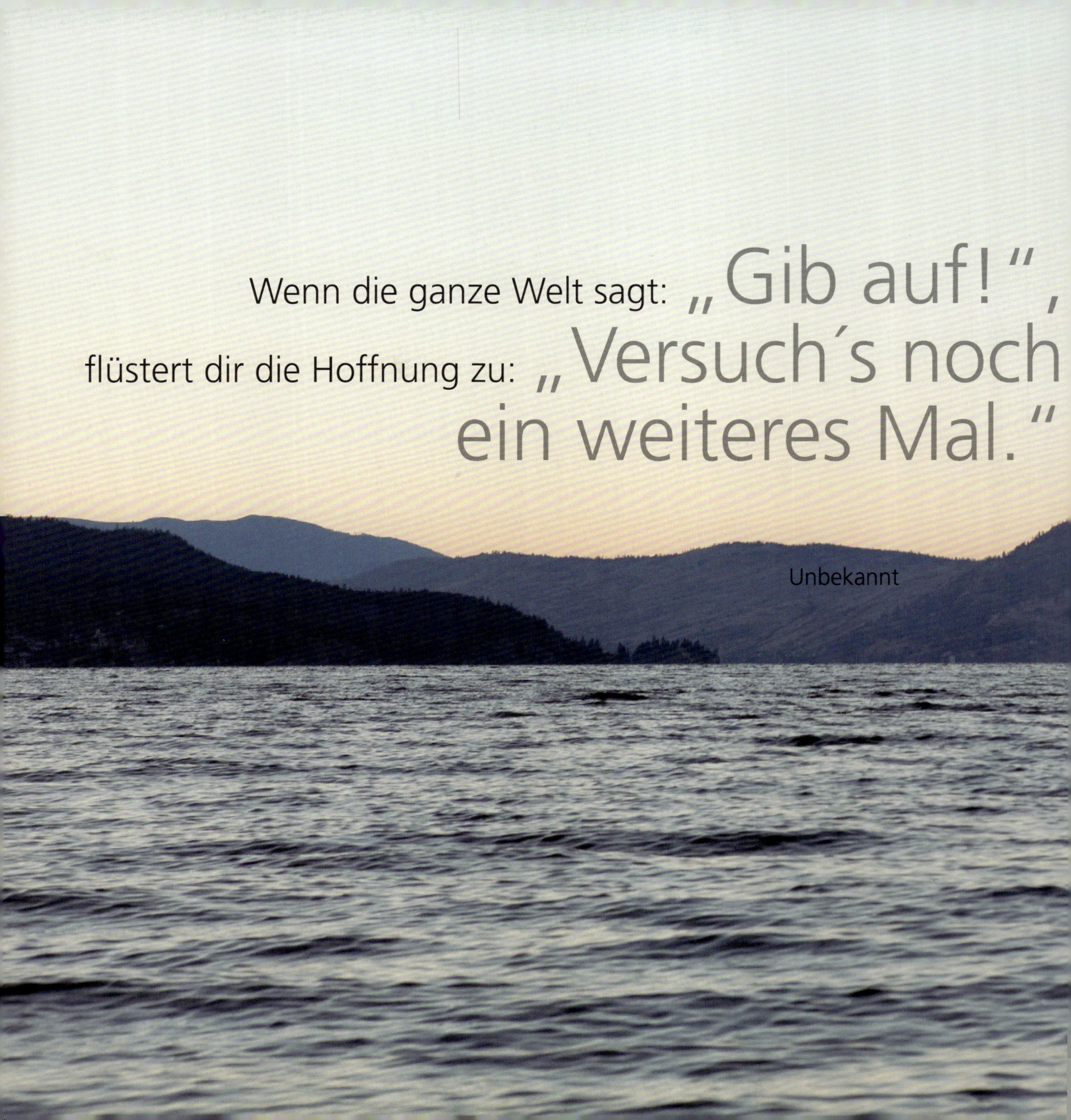

Die Seele hätte keinen

Regenbogen,

hätten die Augen keine

Tränen.

John Vance Cheney

Wenn du dein ganzes

Leben damit zubringst,

auf den Sturm zu

warten,

wirst du nie den Sonnenschein

genießen.

Morris West

Wenn dir dein Leben wie

ein steiler Anstieg

scheint, denk doch einfach

an den Ausblick vom

Gipfel.

Unbekannt

Kein Vogel fliegt zu hoch,

wenn er mit seinen eigenen

Flügeln fliegt.

William Blake

Aller Anfang

ist leicht, und die

letzten Stufen

werden am seltensten

erstiegen.

Johann Wolfgang von Goethe

Mitten im tiefsten Winter fand ich – in mir selbst – einen unbezwinglichen Sommer.

Albert Camus

Ein freundliches Wort kann drei Wintermonate erwärmen.

Japanisches Sprichwort

Die Kunst,
weise zu sein, ist zu
wissen, worüber man
hinwegsehen sollte.

William James

Glück ist ein dankbares Gemüt, eine optimistische Einstellung und ein Herz voll der Liebe.

Unbekannt

Die Taten dieses Lebens sind das Schicksal des nächsten.

Asiatisches Sprichwort

Was immer du auch bist,

sei gut darin.

Abraham Lincoln

Abbildungsnachweis

S. 4–5 © Dominique Palombieri - dompix/Getty; S. 6–7 © Fridh, Conny/Getty; S. 8–9 © picturegarden/Getty; S. 10–11 © Brian Gordon Green/Getty; S. 12–13 © Na Gen Imaging/Getty; S. 14–15 © Christine Gelzunas Blend Images/Getty; S. 16–17 © Roc Canals Photography/Getty; S. 18–19 Franklin Wang/Getty; S. 20–21 © Chalk Photography/Getty; S. 22–23 © Franz Aberham/Getty; S. 24–25 © Yvonne Baur/Getty; S. 26–27 © Mark David Josue/Getty; S. 28–29 © Laurie Noble/Getty; S. 30–31 © Jason Swain/Getty; S. 32–33 © Michael Layefsky/Getty; S. 34–35 © on Philpott Photography/Getty; S. 36–37 © Charriau Pierre/Getty; S. 38–39 © Dante Laurini Jr. Imagens/Getty; S. 40–41 © Massimiliano Natale/Getty; S. 42–43 © Bob Stefko/Getty; S. 44–45 © Gary Yeowell/Getty; S. 46–47 © Powerfocusfotografie/Getty; S. 48–49 © Comstock/Getty; S. 50–51 © Radius Images/Getty; S. 52–53 © Kevin McNeal/Getty; S. 54–55 © Federico Buchbinder/Getty; S. 56–57 © Radius Images/Getty; S. 58–59 © Christopher Scott/Getty; S. 60–61 © Arctic-Images/Getty; S. 62–63 © American Images Inc/Getty; S. 64–65 © Duncan Stewart/Getty; S. 66–67 © Don Smith/Getty; S. 68–69 © Yvonne Baur/Getty; S. 70–71 © John Kelly Photography/Getty; S. 72–73 © Philip and Karen Smith/Getty; S. 74–75 © KEENPRESS/Getty; S. 76–77 © Jasper Whit/Getty; S. 78–79 © Wayne Boland/Getty; S. 80–81 © Laura Rounds/Getty; S. 82–83 © Wastwater © Peter Chadwick LRPS/Getty; S. 84–85 © C.Dollan/Getty; S. 86–87 © Jasper James/Getty; S. 88–89 Visuals Unlimited, Inc./Robert Servranckx/Getty; S. 90–91 © Norbert Rosing/Getty; S. 92–93 © Pete Turner/Getty; S. 94–95 © Keesha Davis/Getty.